高句麗
夾河山山城
고구려 협하산산성

高句麗
夾河山山城
고구려 협하산산성

윤병모 지음

한국학술정보

머리말

고구려가 남긴 여러 유적 중에 가장 대표적이고 널리 알려진 것이 바로 산성이다. 고구려의 산성은 흙으로 된 토성과 돌로 쌓은 석성이 있으나 이 중에 숫자가 가장 많고 또 방대한 규모를 자랑하는 것은 석성이다. 필자는 지금까지 중국 전역은 물론 일본의 고대성까지 대부분 답사하여 보았으나 고구려 산성만큼 견고하고 뛰어난 석성은 발견하지 못하였다. 석성이라면 고구려요, 고구려 하면 산성이라 할 만큼 고구려 산성은 매우 중요한 유산으로 남아 있다. 현재 고구려 산성은 중국 요령성과 길림성은 물론 북한과 남한에도 산재하여 있으나 그 규모나 축성 수법을 놓고 볼 때 가장 대표적인 산성은 대부분 요령성 지역에 있다. 요령성 지역 중에서도 특히 요동반도를 중심으로 한 요동만과 황해 연안 인근에 있는 대형 석축산성이 주목을 끈다. 대표산성은 대련 금주의 대흑산산성과 와방점의 득리사산성, 보람점의 위패산성, 장하의 성산산성과 협하산산성, 그리고 개주의 고려성산성과 적산산성, 수암의 낭낭성산성과 봉성의 봉황산산성 등이 있다. 이들은 모두 5,000m를 전후로 하는 대형 석축산성들이다. 이 밖에 해성의 영성자산성도 토성으로 주목을 끄는데 이 성이 역사상의 안시성으로 알려지고 있어 주의를 요한다. 이처럼 요동반도 지역에 대형 산성을 집중적으로 배치한 것을 볼 때에 고구려가 이 지역을 얼마나 중요시하였는지를 알 수 있다. 이것은 수ㆍ당군의 침입에 대비하여 요동만과 황해를 좌우에 두고 산동반도를 향해 비수처럼 돌출해 있는 요동반도의 특성을 충분히 활용한 예에 해당한다. 더구나 요동반도의 전략적 위치에 더하여 고구려는 험준한 산악지형에 대형 산성을 배치함으로써 요동반도 산성의 효용성을 극대화하고 있다. 자료가 부족한 고구려사 연구에 있어서 이러한 요동지역의 고구려 산성은 매우 귀중한 유산이다.

그런데 이와 같은 요동반도의 여러 대형 산성들 중 필자가 유독 주목하는 것은 협하산산성이다. 이 성은 보통 장하의 성산산성과 함께 앞뒤로 있어 성산산성을 앞성이라는 뜻의 전성이라 부르고 협하산산성은 뒷성이라는 말로 후성이라고 불리어 왔다. 협하산산성은 요동반도 지역에 있는 대련의 대흑산산성 그리고 봉성의 봉황산산성과 함께 가장 대표적인 고구려의 산성에 속한다. 하지만 이 3개 대형 산성의 각기 현황은 매우 다르다. 최근에 보수가 전혀 되지 않은 원초상태의 산성은 이 협하산산성뿐이다. 즉, 대흑산산성은 서벽이 대부분 유실되거나 있다 하더라도 보수되어 그 원형을 찾을 길이 없다. 봉황산산성도 최근 북벽의 북문 주위를 중심으로 보수가 이루어져 원형을 확인할 길이 없다. 이외에도 요동반도에 집중된 대형 산성은 보란점의 위패산성도 있지만 이 성도 동벽의 동문을 중심으로 보수가 크게 이루어져 그 원형을 알 수 없다. 이렇게 본다면 협하산산성의 중요성은 매우 크다. 이 협하산산성이 성 둘레 5,000m급의 대형산성이면서도 고구려 축성 당시의 모습 또는 무너진 상태라 하더라도 동서남북 사방이 원형 그대로 보존되고 있는 성으로는 유일하다. 이러한 점을 볼 때에 협하산산성이 고구려 최대의 석축산성이라 평가할 수 있으며 요동지역 전체 고구려 산성 중에서 가장 중요한 산성이라고 할 수 있다. 더 나아가 동아시아 전체를 보더라도 이 협하산산성이 석축산성으로는 가장 큰 규모를 가지고 있다고 할 수 있다.

하지만 최근 이 협하산산성에도 변화가 감지되고 있다. 협하산산성에 진입로가 새로이 개설되고 있고 산성의 곳곳에 탐방로가 설치되고 있다. 이러한 변화가 협하산산성에 향후 어떠한 영향을 끼칠지 걱정이 앞선다. 이 책은 협하산산성의 현재 모습을 저자가 직접 촬영하여 협하산산성의 진정한 모습을 널리 알리는 데 목적이 있다. 아무리 고구려 산성을 많이 답사하였더라도 여러 사람이 볼 수 있는 책으로 공간하지 않는다면 그 답사는 아무런 의미가 없다. 이 책에 있는 사진 전부는 필자가 협하산산성을 여러 차례 답사하여 직접 촬영한 것을 바탕으로 한 것이다. 사진은 가을철에 찍은 것을 중점으로 선정하되 봄철 사진도 권말에 일부 보충하였음을 밝혀둔다. 아무쪼록 이 책을 통하여 협하산산성의 진면목이 널리 알려지고 또 제대로 평가되기를 기대한다.

2014년 3월

윤 병 모

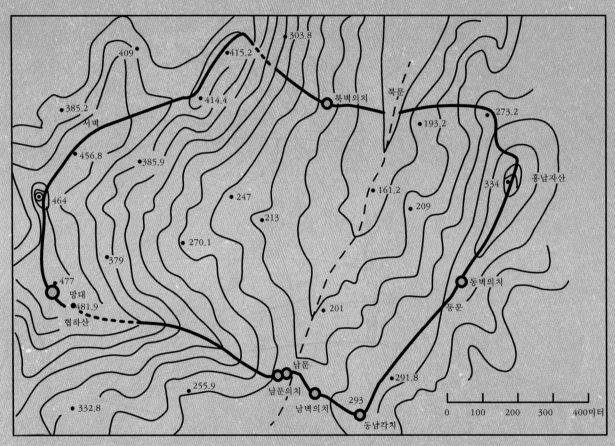

303.8
409
415.2
414.4
북벽의치
북문
385.2
서벽
193.2
273.2
456.8
385.9
홍남자산
464
247
161.2
334
213
209
270.1
379
201
동벽의치
477
동문
망대
481.9
협하산
남문
291.8
255.9
남문의치
293
332.8
남벽의치
동남각치

0 100 200 300 400미터

협하산산성 지형도
(대련시 문물고고연구소 조사보고를 참고하여 재구성)

차 례

.

협
하
산
성

협하산산성夾河山山城은 요령성 요동반도 장하莊河의 하화산진荷花山鎭 곽가촌郭家村 동남쪽에 있는 5,000m급 고구려의 대형 산성이다. 우선 이 협하산산성의 명칭에 관해 알아보면, 이 성은 협하夾河를 사이에 두고 성산산성城山山城과 함께 있어 성산산성을 앞에 있는 성이란 뜻의 전성前城이라 하고 협하산산성을 뒤에 있는 성이라는 뜻으로 보통 후성後城이라고 불리기도 한다. 또한 성산산성의 뒷성이라는 뜻에서 후성산산성이라고도 하나 이들 모두 바람직한 명칭이 아니다. 성산산성의 전체 성 둘레는 『중국문물지도집』 요령성 편에 따르면 3,112.5m이고 협하산산성은 약 5,000m로 나와 있다. 따라서 성산산성보다도 더 큰 협하산산성을 후성산산성이라 부르는 것은 잘못된 일이다. 한편 성산산성을 앞성이란 뜻의 전성이라 하고, 협하산산성을 뒷성이라는 뜻의 후성이라고 부르는 것도 바람직한 명칭이 아니다. 이것은 단지 두 개 성의 방향성만을 가지고 말하는 것에 불과하여 성산산성과 협하산산성의 정식 명칭이라고 하기 어렵다.

그렇다면 다음으로 협하산산성이라는 명칭은 과연 타당한 것이냐 하는 것이다. 이는 협하산산성이 협하산夾河山과 홍납자산紅砬子山 또는 납자산이라 불리는 두 개 산에 걸쳐 있기 때문에 홍납자산을 무시하고 협하산을 더 중요시하여 이 성을 협하산산성이라 해도 좋으냐는 것이다. 하지만 협하산산성을 구성하는 두 개의 산인 협하산과 홍납자산 중에서도 협하산이 더욱 크고 높으며 암석도 많은 산이다. 따라서 홍납자산보다는 협하산이 이 성을 구성하는 대표 산이라 해도 과언이 아니다. 때문에 이른바 통칭 후성이라 불리는 이 성은 협하산산성이라 불리는 것이 마땅하다. 협하산은 물론이고 성산산성과 이 협하산산성 사이를 흐르는 하천의 이름도 협하인 점에서도 더욱 그러하다. 중국 국가문물국 주편의 『중국문물지도집』 요령성 편에도 이 성을 협하산산성이라고 공식적인 명칭을 부여하는 것도 바로 이 때문이다. 이제 협하산산성의 명칭 문제는 이것으로 일단락 짓고 이 성의 구체적인 면모에 대해 살펴보자.

협하산산성은 앞성인 성산산성과는 협하를 사이에 두고 서로 동서로 마주 보고 있는 자매성으로 정확한 전체 성 둘레는 4,650m에 이른다. 이 두 개의 성 사이에 흐르는 협하는 남서쪽에 흐르는 벽류하碧流河와 합류하는데 전장 17km의 그리 크지도 깊지도 않은 하천이다. 성산산성은 협하산산성의 동남 방향에 위치하고 있는데 두 개 성의 거리는 약 1.5km 정도 떨어져 있다. 성산산성의 최고봉은 해발 311m에 이르고 협하산산성의 최고봉은 481.9m로 협하산산성이 성산산성보다 더 크고 웅장한 산세를 지니고 있다. 협하산산성은 앞서 말한 대로 협하산과 홍납자산의 두 개 산에 걸쳐 있는 이른바 포곡식包谷式 산성에 해당한다. 협하산산성을 구성하고 있는 두 개의 산 중에 홍납자산이 성산산성 방향인 동쪽에 위치하여 있어 이 산을 동산東山이라고도 하며 반면 서쪽에는 협하산이 자리 잡고 있어 협하산을 서산西山이라 칭하기도 한다.

홍납자산은 최고봉이 해발 334m인 데 비해 협하산의 최고봉은 해발 481.9m로 협하산이 더 크고 웅장하며 암석도 매우 많다. 협하산산성의 전체 성벽은 불규칙한 사각형 모양을 하고 있는데 산성을 둘러싼 산세는 서쪽이 매우 높고 동쪽이 낮으며 또한 남쪽이 높고 북쪽이 낮은 상황이다. 협하산과 홍 납자산의 사이에는 남고북저 형태의 꽤 넓은 평지가 전개되어 있고 두 개의 산이 교차하는 가장 낮은 남북 양 지점에는 성문이 있다. 성산산성을 마주보 고 있는 홍납자산의 제2봉우리에서 내려오는 남벽의 동쪽 구간과 이어 협하산의 남서쪽 최고봉에서 내려오는 산줄기가 만나는 가장 낮은 지점의 성벽 에 옹성구조로 남문이 있다. 이어 북문은 동북쪽에 있는 홍납자산의 최고봉에서 내려오는 산줄기와 협하산의 서북 산줄기에서 내려오는 북벽의 가장 낮 은 지점에 설치되어 있으나 현재 많이 파괴되어 그 형태를 알아보기 힘들다. 북문은 협하산산성 전체에서도 가장 낮은 부분에 설치되어 있는 관계로 수 구 역할을 동시에 하였을 것으로 보이는데 실제 북문 주변에는 작은 개울이 지나가고 있다. 동문은 성산산성 방향에 있는 홍납자산의 동북 최고봉과 동 남 제2봉우리 사이 중간 지점의 비교적 낮은 산 구릉에 있다. 이 동문을 통하여 내려가면 성산산성으로 성산산성의 서벽 중간 지점으로 올라갈 수 있다. 동문은 동벽의 가장 낮은 부분에 설치되어 있지만 이곳이 산등성이인 관계로 별다른 성문 형식을 찾기 힘들며 다만 현재 성벽의 함몰된 형태만을 보여 주고 있다.

협하산산성에서 치雉는 다섯 곳에서 보이고 있는데 먼저 남문에서 홍납자산 구간의 동쪽 방향으로 84m 지점에 남벽의 치가 있으나 보존 상태가 좋지 않다. 또한 남벽이 동벽으로 바뀌는 교차점의 홍납자산 제2봉우리에도 치가 있는데 이곳은 동남각으로 치는 각대角臺 형식이라 보여진다. 다음으로 동벽 의 동문 주변 30m 북쪽에는 동벽 치가 있고, 북벽 즉 그러니까 북문에서 서쪽 방향으로 중간 정도 올라가다 보면 그리 크지 않은 치가 자리하고 있다.

성문은 남문과 북문 두 곳에 있는데 먼저 남문은 산성의 정문으로 옹성甕城구조로 설치되어 있다. 이 남문 주변에 치가 적대敵臺 형식으로 성벽에서 돌 출되어 있다. 남문 적대는 후대에 보축한 것으로 보이는데 현재 1.2m 높이에 6단 정도 성벽이 남아 있다. 남문은 성산산성의 서벽과 통하고 또한 협하와 벽류하가 합류하는 넓은 평야지대에서 들어오는 적들을 강력하게 방어할 필요가 있어 옹성 등 견고하게 축조되었던 것으로 보인다. 남문은 현재 그 폭 이 가장 넓은 곳은 18m이고 가장 좁은 곳은 7.5m이며 성벽 폭은 4.2m 정도 남아 있다. 남문 옹성은 남벽으로부터 11.6m 길이의 반원형 형태를 가지고 있는데 옹성의 남북 총길이는 20.8m이고 안쪽 길이는 15.7m에 이른다. 한편 남문에서 산성 내부로 조금 내려오면 구형석臼形石이 하나 있었으나 최근 남 문 바로 아래까지 진입로를 개설하는 과정에서 없어진 것으로 보인다.

북문도 그 구조가 옹성문이나 현재 북문의 파손상태가 매우 심하여 그 자세한 정황은 알 길이 없다. 북문 동쪽은 홍납자산 구간으로 경사도가 높은 산 줄기의 북벽으로 바로 이어진다. 다만 북문의 서쪽은 협하산에서 내려오는 완만한 산줄기를 타고 내려오는 북벽으로 연결된다. 때문에 북문의 서쪽 구간 만이 북문 구조를 대략 확인할 수 있다. 협하산과 홍납자산이 만나는 가장 낮은 지역을 타고 내려온 개울은 이곳 북문 부근에서 길을 가로질러 홍납자산

쪽으로 흘러 내려간다. 북문 옹성은 그 폭이 16~16.8m이고 서쪽에 있는 옹성 성벽은 길이가 12m에 폭은 4.5이며 높이는 1.8m 정도 남아 있다.

다음으로 협하산산성의 동서남북 각각 성벽에 대한 자세한 상황을 알아보자. 우선 협하산산성에서 가장 우람한 성벽이 남아 있는 남벽에 대해 알아보면 남벽은 그 길이가 전장 1,455m에 이르러 산성에서 가장 긴 규모를 자랑한다. 앞서 말한 대로 남벽에는 옹성구조의 남문과 그 주변의 치 그리고 홍납자산 구간의 중간 지점과 남벽과 동벽의 곡절 부분에 치가 있는 등 3개의 치가 있다. 이어 남벽과 서벽이 만나는 암벽 구간의 협하산산성 최고봉 주변에 망대가 하나 있다. 남문을 기점으로 홍납자산 구간인 남벽의 동쪽은 협하산 쪽에 비해 286m로 비교적 짧으며 해발 293m의 홍납자산 제2봉우리와 연결된다. 남문 동쪽 구간의 성벽은 일부 보존상태가 양호한데 특히 남문 주변 남벽은 아래 폭이 5.4m에 위 폭이 3.7m 정도 남아 있다. 남문에서 33~48m 지점에는 성벽 상단에 1개의 원형 돌구덩이와 3개의 사각형 돌구덩이가 발견된다. 원형 돌구덩이는 직경이 35cm에 깊이는 45cm 정도이며 사각형 돌구덩이는 30cm의 구경에 깊이가 35~50cm로 3개가 서로 1~3m 정도 떨어져 있다.

남문에서 동쪽으로 58m 지점의 남벽은 그 보존상태가 매우 좋은데 그 높이는 3.5m 전후이다. 또 48~122m 구간은 성벽의 파괴가 매우 심하고 84m 지점에는 남벽의 치가 존재한다. 남벽의 치는 현재 파손상태가 매우 심하여 알아보기 힘들며 길이가 3.6~4.2m에 폭은 2.3~3.2m이고 높이는 0.2~1m 정도 남아 있다. 남문 기점 141m 지점에는 아래 폭이 3.5~3.8m에 위 폭은 3.1~3.5m의 6~15단 성벽이 남아 있다. 남문에서 동쪽으로 286m 지점에는 홍납자산에서 두 번째로 높은 봉우리가 있는데 여기서부터 동벽이 북쪽을 향해 길게 뻗어 있다. 남벽과 동벽이 교차하는 이 지점에는 각대 형식의 치가 존재한다. 이 치는 성산산성 방향인 동쪽을 향하고 있는데 남북 길이가 9.2m에 동서 폭은 4.6m로 현재 2단 정도의 성벽만이 남아 있다. 이 동남벽의 치는 동쪽의 성산산성 방면은 물론 남문 주변의 골짜기를 모두 통제할 수 있는 요충지에 있다고 할 수 있다. 남문 옹성의 치는 동서길이가 8m인데 후대에 보축한 것을 포함하면 10.6m가 되고 폭은 5m 정도이다. 치를 구성하는 성돌은 비교적 잘 다듬어진 사각형의 돌로 외면석은 현재 6단 정도 남아 있다.

다음 남벽의 서쪽 구간은 남문에서 협하산 쪽 방향으로 남벽과 서벽이 만나는 암벽까지 연결되며 전장 1,079m에 이른다. 이곳의 남벽은 남문 옹성 주변을 제외하고는 동쪽 구간처럼 전체적인 성벽의 높이와 폭이 크지 않다. 다만 보존이 잘된 지역은 폭이 3~4.4m에 높이는 2~3m 정도이며 파손이 심한 지역은 높이가 0.5~1.2m 정도로 남아 있다. 남벽의 서쪽 구간은 협하산산성에서 가장 높은 구간으로 협하산의 최고봉을 이룬다. 그 때문에 이곳이 협하산산성에서 가장 험난한 수직절벽을 이루는 등 산성에서 암벽이 가장 크고 많은 구간에 해당한다. 더구나 암벽이 서로 연결되어 있는 것이 아니라 수직으로 직하되어 있어 협하산산성에서 가장 험난한 구간이다. 따라서 남벽의 서쪽 끝 즉 남벽이 서벽으로 바뀌는 교차점에는 거대한 수직 절벽이 있는 관계로 인공 성벽을 축조할 필요가 없기 때문에 실제로 이 구간에는 성벽이 없다.

서벽은 남서쪽의 협하산 최고봉 주변에 있는 망대로부터 시작하여 서벽이 북벽으로 바뀌는 지점까지 연결되며 전장 1,013m에 이른다. 망대 주변의 서벽은 비교적 완만하고 넓은 평지가 약간 있다. 망대에서는 협하산산성 전체를 조망할 수 있을 뿐만 아니라 멀리 서남쪽으로 벽류하는 물론 인근의 성산산성까지 한눈에 바라볼 수 있다. 이 때문에 협하산산성의 망대는 성산산성과 협하산산성을 모두 통제할 수 있는 곳으로 인근에서 가장 높은 위치에 해당한다. 망대뿐만 아니라 서벽은 대부분 해발 400m 이상의 협하산 산등성이에 있는 관계로 협하산산성에서 가장 높은 지역에 있다. 서벽은 대부분 무너진 상태로 보존상태가 좋지 않으며 그렇지 않다 하더라도 성벽 높이가 협하산산성에서 가장 낮다고 할 수 있다. 서벽은 현재 1~2단에 15~20cm의 높이에 불과하다. 서벽이 협하산의 높은 산등성이 위에 길게 위치하고 있기 때문에 서벽에는 서문이나 치 등이 발견되지 않는다. 다만 서벽이 북벽으로 바뀌는 모서리는 동남벽의 치처럼 치는 존재하지 않으나 협하산산성의 서북 일대를 한눈에 조망할 수 있는 좋은 위치에 해당한다. 그래서 서북각은 일종의 망대 역할도 하였을 것으로 보인다. 서벽이 북벽으로 바뀌는 지점, 다시 말해 북벽이 시작되는 최고 지점의 성벽은 대부분 무너진 상태로 남아 있다. 이곳의 북벽은 산줄기를 타고 아래로 내려가다가 경사도가 급한 암벽을 만나 북벽이 일시적으로 끊어진다. 그런 다음 암벽 아래 부분에서 북벽이 다시 이어지고 북벽의 치를 거쳐 북문으로 연결된다.

북벽은 전장 1,137m로 북벽에는 북문과 치가 하나 있다. 북벽은 서벽이 협하산 산등성이를 따라 길게 서쪽으로 내려가는 것이 아니라 해발 415.2m의 협하산 서쪽 제일 높은 봉우리에서 직각으로 꺾어 가파른 산줄기를 타고 내려와 가장 아래 부근에서 북문을 이룬다. 이처럼 서벽이 협하산의 산등성이를 타고 직선으로 그대로 내려가지 않고 서북쪽 모서리에서 직각으로 꺾어 홍납자산 쪽으로 북벽을 이룬 것은 특이한 구조를 이룬다. 협하산의 서쪽 자연지세를 살펴보면 서벽이 협하산의 서쪽 산줄기를 타고 그대로 내려와 홍납자산의 서쪽으로 뻗은 가장 낮은 산줄기와 만나는 지점에 북문이 형성되어 마땅하다. 이곳은 협하산산성의 가장 초입에 해당하는 곳으로 진입로 개설 전만 해도 몇 가구의 마을이 있었던 곳의 바로 앞에 해당한다. 이렇게 된다면 협하산산성은 지금 약 5km 규모의 산성을 뛰어넘어 전체 성 둘레 7~8km의 초대형 산성이 될 수 있다. 그렇지만 현재 서벽은 협하산의 서북쪽 끝부분에서 직각으로 꺾어 홍납자산의 동북쪽 산줄기 하나로 향하고 있다. 이렇게 서벽이 협하산의 산등성이를 직선방향의 서쪽으로 나가지 않고 북쪽으로 90도 꺾은 이유는 분명하지 않다. 물론 이것은 협하산의 서벽을 서쪽으로 계속 끌고 간다면 서벽이 지나치게 길어지는 문제를 고려한 점도 있다. 다만 이것을 통하여 협하산산성의 성격을 엿볼 수 있는데 그것은 남문을 중심으로 남벽과 성산산성 방향의 동벽 그리고 벽류하 방면의 서벽을 중심으로 협하산산성이 구성되었음을 알 수 있다. 이곳에 비하여 북쪽은 외진 구간으로 성벽을 그리 크게 확대할 이유가 없었던 것으로 보인다.

이런 이유에 의하여 협하산 쪽 북벽 구간은 매우 가파른 산줄기를 타고 북문으로 길게 내려오고 있다. 반면 북문을 지나 홍납자산 쪽 북벽은 협하산

쪽에 비해 짧다. 협하산 쪽 북벽의 높은 구간에는 비교적 양호한 상태의 성벽이 있는데 그 높이는 3.5m 정도이며 북문 쪽으로 내려올수록 무너진 성벽이 대부분이다. 북벽의 치는 북문에서 협하산 쪽으로 약 200m 정도 올라가면 있는데 사각형 모양으로 길이는 4.1m에 폭은 3.9m로 그리 크지 않다. 북문은 옹성구조로 서쪽의 협하산에서 내려온 북벽과 동쪽의 홍납자산에서 내려온 북벽이 교차하는 협하산산성에서 가장 낮은 지대에 설치되어 있다. 북문은 현재 대부분 파괴된 상태로 남아 있어 그 원형을 확인할 방법이 없다. 다만 북문 옆에 개울이 지나가는 점을 본다면 북문은 수구 역할도 하였을 것이다. 아울러 북문은 후문으로 현재 하화산진 곽가촌으로 연결되는 비교적 평탄한 길이 있다. 하지만 이 북문은 벽류하 방면에서 수·당隋唐군이 침입한다면 남문보다는 매우 긴 유동거리를 가지고 있어 고구려군이 대처하는 데 유리하였을 것이다. 따라서 협하산산성 바로 앞에 성산산성이 있다는 점을 고려한다면 북문은 후문으로 병참로 역할을 하였을 가능성이 있다. 이러한 성격 등으로 인하여 협하산산성은 고구려 말기에 축조되었을 가능성이 크다.

동벽은 전장 1,045m로 전체적으로 보존상태가 협하산산성에서 가장 길고 양호하다. 동벽에는 동문과 치가 하나 있다. 동벽은 보존상태가 좋은 지점은 폭이 3.1~4m에 높이는 3.1m 정도이지만 상태가 나쁜 곳은 20~60cm의 성벽만이 남아 있을 뿐이다. 동문은 홍납자산 제2봉우리로부터 473m 지점에 있다. 동문지는 이미 그 기초석이 없어지고 다만 동벽 중간의 함몰된 지점으로 확인할 수 있는데 홍납자산 동북의 최고봉과 동남에 있는 제2봉우리의 대략 중간지점 허리에 해당한다. 이 동문지 주변은 비교적 평탄하여 동쪽으로 내려가면 성산산성의 서벽 중간에 도달할 수 있다. 또 서쪽으로 내려오면 협하산산성 내부의 중간 지점과 연결되는데 이곳은 협하산산성에서 가장 넓은 성내 평지와 연결된다.

한편 이 동문에서 북쪽으로 30m 정도 가면 매우 큰 자연 암석이 존재하는데 이곳 주변에 동벽의 치가 존재한다. 동벽의 치는 동남각 치로부터 대략 514m 정도 떨어져 있는데 본래 길이는 3~4m에 폭은 4m였으나 후대에 이를 보강하여 길이가 3.85~5m 정도로 늘어났다. 높이는 0.5~1.6m 정도 남아 있다. 동벽 치에서 동쪽 방향의 성벽 상층부에는 다량의 사각형 돌구덩이가 발견되며 이들은 서로 1.5~1.6m 정도 떨어져 있다. 동벽의 돌구덩이는 길이가 30cm에 폭은 22~25cm, 깊이는 50cm 정도이다. 동벽의 북쪽 끝 부분은 해빌 334m로 홍납자산에서 가장 높은 봉우리에 해당한다. 이곳에서 바로 서쪽으로 꺾으면 경사가 급한 지역으로 이어지는데 이곳의 성벽은 대부분 무너진 상태로 남아 있다. 홍납자산 북쪽 최고봉에서 서쪽으로 꺾어지는 최북단 구간은 계곡이 급격히 내려와 함몰된 지점을 이루고 있다. 현재 이곳은 석축벽이 비교적 온전히 남아 있다. 또한 함몰된 지형으로 보아 이곳은 수구문이 있었을 가능성도 있다. 이곳을 지나면 홍납자산의 산줄기를 타고 내려가 북문으로 이어진다. 북벽의 동쪽을 이루는 홍납자산 북벽 구간은 경사가 급한 지역으로 현재 무너진 상태로 온전한 성벽이 거의 없다.

이상에서 협하산산성을 구성하고 있는 성문과 치 그리고 동서남북 성벽에 대해 구체적으로 살펴보았다. 이러한 것을 토대로 협하산산성은 5,000m급의 고구려 산성, 즉 대련 금주의 대흑산산성과 보란점의 위패산성, 개주 만복진의 적산산성, 개주 청석령의 고려성산성, 봉성의 봉황산산성, 철령의 최진보산성 그리고 집안의 산성자산성을 비교하여 보더라도 고구려 최대의 석축산성임을 알 수 있다. 즉, 이상에서 열거한 5,000m급 대형 산성들은 사방이 모두 인공 성벽을 두른 경우는 없다. 고구려 산성 중에서 가장 크다는 성 둘레 15km의 봉황산산성도 북벽과 동벽 그리고 남벽 일부에만 인공 석축이 발견되고 나머지는 자연 산세를 이용한 성벽이 대부분이라서 협하산산성에서 보이는 동, 서, 남, 북의 완전한 인공 성벽을 볼 수 없다. 봉황산산성 이외에 동서남북의 사방 석축이 그대로 많이 남아 있는 성은 대흑산산성과 위패산성 정도이다. 하지만 대흑산산성의 경우 서벽은 현재 대부분 유실되어 일부 구간만이 보이고 있고 그나마 근래에 보수되어 그 원형을 찾을 길이 없다. 또한 위패산성도 동벽의 동문 구간이 최근 보수되어 원형을 많이 잃었고 서벽과 남벽의 존재 또한 일부 없거나 부실하다. 그렇다면 현재 5,000m급 대형 산성 중에서 동서남북 사방에 모두 인공 석축을 쌓은 성 중에 가장 양호하고 많이 남아 있는 성이 바로 협하산산성이라 할 수 있다. 더구나 협하산산성은 다른 어떤 대형 산성에서도 볼 수 없는 점이 있다. 그것은 단 1m의 구간도 최근 보수한 흔적이 없다는 점이다. 고구려 당시에 축조한 성벽이 원형 그대로이거나 아니면 무너진 상태 그대로 남아 있는 유일한 고구려 대형 산성이 바로 협하산산성이다. 이것이 바로 협하산산성의 최대 유산이자 가치이다. 따라서 협하산산성은 고구려 최대의 석축 산성이라 해도 좋을 것이다.

다만 협하산산성이 고구려 당시 어떤 역사상의 성인지는 기록이 없어 알 수가 없다. 그러나 협하산산성이 벽류하 연변에 위치한 보란점 위패산성이나 전성인 성산산성 그리고 그 위쪽 와방점의 득리사산성이 포진한 정황을 볼 때에 벽류하와 요동만 하구의 개주蓋州를 잇는 선의 전략적 요충에 있다는 것은 분명하다. 요동만 하구 인근에 있는 청석령의 고려성산성이 뚫리며 벽류하를 타고 요동반도를 가로질러 압록강 하구로 가는 길목에 협하산산성과 성산산성이 있는 것이다. 또 한편으로는 대련 금주의 대흑산산성이 함락하여 적들이 황해 쪽의 요동반도 해안선을 타고 압록강 하구로 침입할 때에 그 중간 지점에 있는 성이 바로 성산산성과 협하산산성이다. 따라서 산동반도의 대척점인 요동반도 끝인 대련의 대흑산산성이 무너지면 그 다음 거점의 최후 보루로서 협하산산성이 기능을 하였을 것이다. 이렇게 본다면 요동반도 중간의 남북 십자로 중심선에 이 협하산산성이 전략적으로 위치하여 있다는 것을 알 수 있다. 때문에 고구려는 이 지역에 전성과 후성이라는 유례없는 겹성을 축성하여 수·당군의 침입에 보다 능동적으로 대처하려고 했던 것으로 판단된다.

홍납자산에서 협하산을 조망하였다. 왼쪽이 협하산 최고봉으로 협하산의 웅장한 모습을 보여 준다.

협하산 최고봉에서 내려오는 남벽 서쪽이 남문을 지나 홍납자산 쪽으로 올라오고 있다.

홍납자산에서 바라본 협하산의 서북으로 오른쪽 끝 산꼭대기에서 서벽이 북벽으로 바뀐다.

협하산 최고봉에서 내려오는 남벽 서쪽과 남문을 지난 동쪽이 앞에 보인다. 멀리 왼쪽 끝에 벽류하가 보이고 있다.

남벽 동쪽에서 협하산을 조망하였다. 왼쪽 최고봉으로부터 시작하여 오른쪽으로 산등성이에 서벽이 길게 이어진다.

협하산에서 내려온 남벽이 남문을 지나 홍납자산의 남벽으로 길게 이어지고 있다.

남문 옹성에서 이어지는 남벽 동쪽은 성벽이 잘 보존된 지역의 하나이다.

협하산에서 내려오는 남벽 서쪽과 남문 그리고 남벽 동쪽이 보인다. 협하산 남벽 오른쪽으로 지그재그로 난 길은 최근 개설된 탐방로이다.

남문 옹성을 지나 남벽 동쪽이 우람하게 이어지고 있다.

남벽 남문의 동쪽 멀지 않은 지점에 나타나는 사각형 돌구덩이로 적지 않게 보인다.

남벽 동쪽에서 보이는 유일한 원형 돌구덩이로 고구려산성 중에서도 원형 돌구덩이는 이곳에서 처음 확인된다.

남벽 동쪽 성벽 상층부에서 보는 홍납자산 제2봉우리로 여기서 남벽이 동벽으로 꺾인다.

S자형으로 꺾이는 남벽 동쪽으로 왼쪽이 안쪽이다.

남벽 동쪽의 윗부분으로 제일 높은 곳에 동남각 치가 있다.

남벽 동쪽이 홍납자산 제2봉우리를 향해 올라가고 있다.

안쪽에서 본 남벽 동쪽으로 홍납자산 제2봉우리를 향해 힘차게 올라가고 있다.

안쪽에서 보는 남벽 동쪽으로 협하산 남쪽 자락이 교차하고 있다.

협하산에서 내려오는 남벽 서쪽이 남문을 지나 홍납자산 제2봉우리로 연결되고 있다.

남벽의 동쪽 내부에서 바라보는 남벽 안쪽과 협하산 전경이다. 남벽 서쪽이 협하산을 타고 우렁차게 올라가고 있다.

남벽 동쪽의 안쪽으로 이 구간은 성벽이 매우 높다.

남문에서 이어지는 남벽 동쪽 일부 구간은 이처럼 성벽이 우람하다.

남문에서 바로 위의 남벽 동쪽 구간으로 바깥쪽이다.

남벽 동쪽 구간의 외벽으로 멀리 오른쪽 끝 부분에 치가 있다.

외부에서 본 남벽 동쪽으로 멀리 협하산 최고봉이 보인다.

남벽의 치로 멀리 협하산 서북쪽이 보인다.

남벽 동쪽에 있는 치로 위에서 내려다보았다.

오른쪽으로 확실하게 돌출된 모습을 보여주는 남벽의 치로 훼손이 많이 되어 있다.

사진 하단에 보이는 남벽의 치는 현재 무너진 상태로 오른쪽에 협하산 산줄기와 멀리 벽류하가 보인다.

홍납자산 쪽인 남벽 동쪽에서 본 협하산 최고봉으로 오른쪽 가장 낮은 곳이 남문이다.

협하산 산정에서 내려온 남벽이 남문을 거쳐 길게 동쪽으로 이어지고 있다.

남벽 동쪽이 남문을 지나 홍납자산 제2봉우리를 향해 힘차게 뻗어 있다.

남문을 통과한 남벽이 홍납자산 제2봉우리를 향하여 길게 이어지고 있다.

남벽 동쪽을 위에서 내려다본 것으로 왼쪽 끝의 꺾이는 곳에 치가 밖으로 돌출되어 있다.

S자형으로 길게 이어지고 있는 남벽의 동쪽으로 홍납자산 구간이다.

남벽 동쪽의 최상층부에서 본 남벽과 바깥쪽 풍경으로 가운데 그늘진 곳을 통하여 오른쪽으로 곧장 올라가면 남문이 나온다.

왼쪽으로 홍납자산 줄기와 오른쪽으로 협하산 줄기가 만나는 남벽의 바깥쪽 풍경으로 멀리 벽류하가 보인다.
사진에는 안 보이지만 오른쪽 끝에 있는 남문은 이처럼 성산산성과 통하는 매우 중요한 성문이다.

동남각 치에서 본 남벽 밖으로 오른쪽으로 협하산 남쪽 자락과 멀리 벽류하가 보인다.
이 일대는 상당한 규모의 평원으로 남문은 이 지역을 통제하기 위하여 옹성 구조로 방어 기능을 강화하였다.

남벽이 동쪽 끝 홍납자산 제2봉우리에 도달하여 치를 형성하고 있다. 사진 중앙의 그늘진 곳에서 오른쪽으로 쭉 올라가면 남문이 나온다.

남벽이 동벽으로 바뀌는 곳에는 이처럼 둥그런 외형의 치가 있다. 멀리 협하산 최고봉에서 오른쪽 산등성이로 이어지는 서벽이 보인다.

남벽과 동벽의 교차점에 있는 치를 밖에서 본 모습으로 남벽에는 이처럼 방어 기능이 많이 설치되어 있다.

동남각 치에서 본 동쪽의 성산산성으로 협하산산성의 전략적 위치를 새삼 가늠하게 된다.

동남각 치는 멀리 성산산성은 물론 벽류하까지 통제할 수 있는 전략적 요충에 있다.

남벽 동쪽의 바깥쪽에서 본 남문 바로 위의 남벽으로 멀리 협하산 서벽 북쪽이 보인다.

남벽 동쪽의 바깥쪽으로 남문에 바로 이어지고 있다.

남벽 동쪽에서 본 남문과 옹성으로 남문이 절묘한 위치에 설치된 것을 확인하게 된다.

남벽 밖에서 본 남문과 그 뒤의 협하산 최고봉으로 남문의 옹성 구조가 그대로 드러난다.

남벽 동쪽에서 내려다본 남문과 옹성으로 왼쪽이 성 밖이고 오른쪽이 성 안이다.

남문 너머에 멀리 협하산 서북 산마루가 보인다. 남문의 성벽은 바닥에 함몰된 지점이 없는 것으로 확인된다.

밖에서 올려다본 남문으로 오른쪽으로 한참 내려가면 북문이 나온다.

남문에서 내려다본 남문 밖 풍경으로 멀리 벽류하가 보인다. 여기서 한참 내려가면 왼쪽에 성산산성이 나온다.

왼쪽 끝 아래에 기단부와 그 위에 보축한 형태의 치가 있는 남문과 옹성구조로 이러한 형식은 다른 고구려 산성에서 찾아보기 어렵다.

협하산 쪽 남문의 옹성과 치의 구조로 왼쪽이 성 밖이다.

남문 옹성에서 남벽의 서쪽 구간이 협하산을 타고 길게 올라가고 있다.

아래에서 올려다 본 남문 옹성으로 현재 많이 파괴된 상태이다. 최근 진입로가 새로 개설되며 남문 직전에서 멈춘 것은 매우 다행이다.

남문 옹성과 치로 왼쪽 기단부와 보축 부분이 뚜렷이 보인다.

독특한 형태를 보여주는 남문의 옹성과 치로 이런 형식은 이곳에서만 볼 수 있다.

동쪽 정면에서 바라본 남문 서쪽의 옹성이다. 남문의 좌우 양쪽에 반원형 형식으로 돌출된 것 중 하나이다.

밖에서 안쪽을 바라본 남문으로 협하산 서북 봉우리가 보인다.

남문의 바깥쪽으로 남문 성벽은 바닥에 함몰된 지점이 없다.

왼쪽에 있는 산은 협하산으로 남문에서 성 안을 바라보았다. 앞에 있는 탐방로를 타고 한참 내려가면 북문이 나온다.

서쪽에서 바라본 남문과 옹성으로 남문의 옹성 구조를 한눈에 확인할 수 있다.

남문 동쪽 옆에 있는 반원형 돌기로 특이한 구조를 이룬다.

아래에서 올려다본 남문 옹성의 성벽으로 성돌이 잘 정제된 것을 확인할 수 있다.

남문의 치는 적대 형식을 취하고 있다.

측면에서 본 남문의 치 하단부와 옹성으로 성돌이 비교적 잘 다듬어져 있다.

협하산 쪽 남문 치로 아래쪽은 외면석이 빠져 있지 않음을 알 수 있다.

남문 치의 기단부로 성돌이 비교적 정제된 모양을 하고 있다.

남문 치 바로 옆에 있는 남벽의 서쪽 구간으로 외면석이 빠져 있지 않은 상태로 잘 남아 있다.

다른 곳에 비해 비교적 잘 다듬어진 상태의 성돌이 쌓여 있음이 확인된다.

남벽 서쪽의 안쪽으로 협하산 정상을 향하여 성벽이 힘차게 오르고 있다.

경사도가 급한 남벽 서쪽의 일부 구간으로 무너진 상태를 보여 준다.

협하산 최고봉으로 이어지는 남벽 서쪽으로 아래는 무너져 있다.

남벽 서쪽의 협하산에서 바라본 남문과 옹성으로 오른쪽으로 계속 내려가면 협하와 성산산성 서벽이 나온다.

남문에서 홍납자산 제2봉우리로 남벽 동쪽이 길게 이어지고 있다.

협하산 쪽에서 바라본 남문과 남벽 동쪽으로 왼쪽 끝에 보이는 산은 홍납자산 최고봉이다.

남벽이 협하산 쪽을 지나 남문을 거쳐 홍납자산 방향으로 길게 이어지고 있다.

남벽 서쪽에서 바라본 흥납자산 제2봉우리의 남벽이다. 가운데 제일 높은 봉우리가 그것으로 여기서 남벽과 동벽이 교차한다.

협하산 방향의 남벽 서쪽으로 경사도가 매우 가파르다.

일부 보존이 비교적 잘된 남벽의 서쪽 구간으로 협하산 정상을 향하고 있다.

협하산 쪽에서 바라본 남벽의 동쪽 구간과 홍납자산 제2봉우리로 그 너머에 보이는 산은 성산산성의 서벽과 장대이다.

남벽 오른쪽 중간 밖으로 치가 보이고 이어 홍납자산 제2봉우리 그리고 동벽이 산등성이를 타고 왼쪽으로 길게 이어지고 있다.

동벽이 홍납자산 최고봉을 향해 산등성이를 타고 길게 왼쪽으로 이어지고 있다.

협하산 남벽에서 바라본 흥납자산의 동벽으로 왼쪽 최고봉과 오른쪽 제2봉우리 사이를 길게 연결하고 있다. 가운데 잘록한 부분에 동문이 있다.

협하산 쪽 남벽에서 발견되는 사각형 돌구덩이로 그것이 위치하여 있는 정황이다.

이 돌구덩이는 협하산 쪽 남벽에서는 유일하게 발견된다.

협하산에서 바라본 남벽 동쪽으로 홍납자산 제2봉우리에서 남벽이 동벽으로 꺾이며 치를 이룬다. 뒤에 보이는 것은 성산산성 장대이다.

남벽 서쪽에서 바라본 남벽 동쪽으로 저 멀리에 성산산성의 서벽이 보인다.

비교적 잘 남아 있는 구간의 남벽 서쪽으로 오른쪽 위에 벽류하가 보인다.

협하산에서 바라본 홍납자산 최고봉으로 오른쪽 끝 제일 낮은 산등성이에 동문이 있다.

협하산 최고봉으로 이어지는 남벽의 서쪽 구간으로 성벽이 힘있게 이어지고 있다.

협하산 최고봉은 수직절벽 구간으로 이곳에는 성벽이 축조되어 있지 않음을 알 수 있다. 낮인데도 달이 협하산 최고봉 왼쪽에 걸려 있다.

협하산의 서북쪽 방향으로 북벽이 산줄기 중간을 타고 내려오고 있다.

남벽 서쪽에서 바라본 남벽 동쪽으로 저 멀리에 성산산성이 마치 띠를 두른 것처럼 보인다.

길게 이어지는 남벽의 서쪽과 그리고 동쪽 성벽이 보인다. 이어 성산산성이 동벽을 에워싸고 있다.

남벽이 협하산 산줄기를 타고 내려가 남문을 거쳐 홍납자산으로 이어지고 있다. 성산산성 장대가 바로 코앞에 있는 것처럼 보인다.

협하산 남벽에서 바라본 홍납자산으로 왼쪽 가운데 움푹 들어간 곳의 산등성이가 동문이다.

남벽 서쪽이 협하산 최고봉을 향해 힘차게 이어지고 있다.

안에서 본 남벽의 서쪽으로 협하산 최고봉이 보인다.

남벽 서쪽이 협하산 최고봉을 향하여 길게 이어지고 있다.

남벽 서쪽은 협하산산성에서 가장 험준한 지형에 속한다.

남벽의 서쪽 끝은 암벽으로 성벽이 축조되어 있지 않다.

남벽 서쪽 꼭대기에서 본 협하산 서벽 산마루로 웅장한 산세를 보여 준다.

남벽 서쪽 꼭대기에서 바라본 협하산산성 내부로 꽤 널찍하다. 그 너머에 홍납자산이 성 내부를 감싸고 있다.

남벽 서쪽 최상층부에서 바라본 홍납자산 쪽의 남벽 동쪽이다. 그 뒤의 성산산성이 마치 호위무사처럼 홍납자산을 감싸고 있다.

남벽 서쪽 최상층부에서 바라본 협하산 남동 산줄기와 성산산성의 모습이다. 오른쪽 끝에 협하와 벽류하가 합류하고 있다.

남벽 서쪽에서 바라본 협하산 최고봉으로 이곳에는 성벽이 없다.

이곳이 협하산산성에서 가장 험준한 지역으로 온통 수직절벽이다.

협하산 최고봉에서 서쪽으로 이어지는 산마루로 그 위에 서벽이 오른쪽으로 길게 이어진다.

왼쪽이 협하산 서북쪽 봉우리이고, 오른쪽은 홍납자산 최고봉에서 내려온 산줄기이다.

협하산 최고봉 바로 아래 서벽에서 바라본 남동 방향으로 멀리 협하와 벽류하가 합류하고 있다.

협하산 정상으로 최고봉을 이룬다. 그 너머에 성산산성이 멀리 보인다.

협하산 최고봉으로 저 멀리에 성산산성이 보인다. 이곳에 오르면 이 일대를 모두 조망할 수 있어 단번에 협하산산성의 성격을 가늠할 수 있다.

서남쪽에서 본 협하산 서벽의 산마루로 오른쪽 끝 봉우리에서 서벽이 북벽으로 바뀐다.

서벽 망대에서 바로 아래로 이어지는 서벽으로 그 앞의 산 아래에 벽류하 평원이 펼쳐지고 있다.

서벽 저 멀리 밖에 벽류하가 보이고 있어 협하산산성은 벽류하를 통제하는 가장 좋은 위치에 자리 잡고 있다.

서북쪽에서 본 서벽과 서벽의 망대로 이 주변의 성벽은 무너진 상태가 많다.

망대 앞쪽으로 멀리 협하와 벽류하가 합류하고 있다.

서벽 앞에 벽류하가 보이고 있다는 것은 협하산산성이 벽류하를 통제한다는 의미를 지닌다.

서벽에서 서쪽으로 치고 나간 협하산 산줄기가 벽류하를 무섭게 노려보고 있다.

망대에서 내려온 서벽이 첫 번째의 작은 봉우리에서 꺾이고 있다.

망대에서 내려온 서벽을 바깥쪽에서 보았다.

오른쪽 제일 높은 봉우리가 망대로 여기서 왼쪽 아래로 서벽이 내려오고 있다.

망대 주변의 산세와 그곳에서 내려온 서벽의 남쪽 줄기 모습이다. 오른쪽 끝에 벽류하가 보인다.

망대에서 내려온 서벽이 다시 왼쪽으로 꺾이고 있다.

안쪽에서 바라본 서벽 남쪽으로 서벽은 400미터 이상의 협하산 산정 부분에 있어 성벽이 전체적으로 높지 않다.

서벽에서 바라본 협하산 밖의 서북 방향으로 왼쪽 끝에 벽류하와 수고가 보인다.

서벽 저 멀리에 벽류하 수고가 보인다.

서벽 남쪽 곡절 부분의 밖을 바라보았다.

서벽 남쪽에서 치고 나간 협하산 서쪽의 산줄기로 그 앞에 넓은 평지와 벽류하가 이어지고 있다.

망대에서 내려온 서벽이 두 번째 봉우리에서 꺾이고 있다.

서벽은 전체적으로 그 높이가 낮음을 확인할 수 있다.

멀리 중앙 위쪽에 서벽 남쪽의 망대가 보인다.

멀리 위쪽 망대에서 내려온 서벽이 봉우리를 타고 내려오고 있다.

안쪽에서 바라본 서벽의 남쪽 구간으로 높지 않음을 확인할 수 있다.

서벽 중간 지점에서 산성 내부를 내려다보았다. 그 너머로 홍납자산의 전경이 보인다.

서벽 남쪽에서 본 남벽의 동쪽으로 그 산 너머에 성산산성 서벽을 전체적으로 조감할 수 있다.

왼쪽의 협하산 최고봉에서 내려온 산줄기가 망대를 이루고 오른쪽으로 계속 이어지고 있다.

서벽의 남쪽 산줄기가 한눈에 들어온다. 망대에서 내려온 서벽이 첫째와 둘째 봉우리를 거치고 있다.

서벽 서북쪽 밖으로 상당히 넓은 평지와 벽류하가 보인다. 이런 전략상 요충지에 협하산산성이 있다.

협하산 최고봉에서 내려오는 산줄기 너머로 홍납자산이 보인다. 또 그 너머로 성산산성이 홍납자산을 외연에서 감싸고 있다.

협하산 최고봉과 그 안쪽의 산줄기로 협하산에서 가장 험악한 구간이다. 이 지역은 탐방로마저 설치되어 있지 않다.

서벽 중간에서 흥납자산을 바라본 것으로 흥납자산 중간의 잘록한 산정 부분에 동문이 있다. 흥납자산 너머로 성산산성 장대가 보인다.

왼쪽 끝의 산봉우리는 서벽과 북벽이 교차하는 지점이다. 오른쪽에 홍납자산 최고봉이 보인다.

서벽의 북쪽은 내려가다가 왼쪽 끝의 다시 널찍한 산봉우리로 이어진다.

서벽의 북쪽은 무너진 상태로 넓게 퍼져 있는데 앞에 보이는 산봉우리가 서벽의 마지막을 장식한다.

북쪽에서 남쪽으로 서벽을 바라보았다.

바깥쪽에서 올려다본 서벽의 북쪽 구간으로 무너진 상태이다.

서벽 북쪽에서 바라본 협하산 밖의 풍경으로 서북 구간은 높은 산들로 이어진다.

낮은 부분에 위치한 서벽 북쪽이 앞에 보이는 산봉우리를 타고 이어진다.

서벽과 서벽 북쪽의 최후를 장식하는 산봉우리가 앞에 보인다.

서벽이 다시 절벽이 있는 산봉우리를 타고 위로 이어진다.

서벽 북단 구간이 일단 절벽 앞에 멈추고 절벽 위에서 다시 시작한다.

절벽 앞에서 서벽 북단이 멈추었다가 절벽 위에서 다시 시작된다. 성벽 축조에 얼마나 많은 끈질김이 있나 상상된다.

남쪽으로 바라본 서벽 북쪽이다. 이 구간은 무너진 상태의 성벽뿐이다.

무너진 상태의 서벽 북단 구간을 볼 수 있다.

안에서 밖을 바라본 서벽의 북단 구간이다.

서벽을 남쪽 방향으로 바라보았다. 왼쪽 산꼭대기에 무너진 서벽이 보인다.

서벽 북쪽 구간을 바깥쪽에서 멀리 협하산 최고봉을 향해 바라보았다.

서벽 북쪽의 마지막 산봉우리에 올라 서벽 남쪽의 협하산 최고봉을 바라보았다.

서벽의 북쪽 부분을 마지막으로 장식하는 이 구간은 성벽이 대부분 무너진 상태이다.

서벽 남쪽보다는 성벽의 폭이 비교적 넓고 높다.

서북쪽을 향해 바라본 서벽의 북단 구간이다.

멀리 보이는 산봉우리가 서벽 북단의 마지막 봉우리이다. 산봉우리에서 오른쪽으로 내려가면 북벽이 시작된다.

서벽의 서남쪽 방향으로 저 멀리에 있는 산 아래를 통하여 왼쪽으로 계속 가면 벽류하가 나온다.

서북 방향으로 서벽 북단을 조망하였다.

왼쪽이 성벽 밖이며 오른쪽이 산정을 이룬다.

산등성이를 타고 저 멀리 산정까지 서벽이 이어지고 있다.

서벽 북단을 서북 방향으로 바라보았다.

마지막 지점을 향해 달려가고 있는 서벽의 북단 구간이다. 오른쪽으로 산을 타고 내려가며 북벽이 시작된다.

서벽 북단에서 본 북벽이 협하산 산줄기를 타고 북문을 이루며 이어 홍납자산을 타고 북벽 동쪽이 이어지고 있다.

북벽 서쪽 최고봉에서 바라본 북벽으로 산 아래에 북문과 이어 홍납자산으로 북벽의 동쪽이 계속 이어짐을 한눈에 확인할 수 있다.

서벽 북단의 마지막 지점으로 여기서 서벽이 북벽으로 바뀐다. 이곳은 이 일대를 한눈에 조망할 수 있으며 그 때문에 서북 망대 역할도 하였을 것이다.

서벽이 북벽으로 바뀌는 초입으로 왼쪽이 협하산 산줄기이며 오른쪽이 홍납자산 산줄기로 이 두 곳으로 성벽이 계속 이어졌다면 협하산산성은 초대형 산성이 될 수 있었다.

북벽이 협하산을 타고 산 아래로 내려가 북문을 만들고 이어 맞은편의 홍납자산을 통해 올라가고 있다.

북벽 서쪽 최고 지점에서 본 협하산산성 북문쪽 입구로 흰색 길은 최근 개설된 산성 진입로이다.

오른쪽 서벽이 왼쪽의 북벽으로 바뀌고 있다.

앞에 보이는 성벽이 서벽의 마지막이고 뒤에 있는 것이 북벽의 시작이다.

서벽의 마지막을 바깥쪽에서 바라보았다.

서벽과 북벽의 교차점에서 직선 방향으로 내려가면 북문 쪽 산성 진입로에 다다를 수 있다.

서벽 북단의 암벽 구간에서 서남 방향으로 내려오면 산성 내부 중간으로 이어지는 탐방로가 있다.

협하산 쪽 중간 산중턱에서 바라본 홍납자산으로 산등성이를 타고 동벽이 길게 이어진다. 사진 오른쪽 끝 골짜기가 동문을 타고 내려온 골짜기이다.

홍납자산 쪽에서 바라본 협하산 서북 봉우리로 오른쪽 산꼭대기에 서벽과 북벽이 교차한다. 앞에는 성 안에서 가장 넓은 평지를 보여준다.

북문 밖에서 본 협하산 쪽 북벽의 서쪽 구간이다. 멀리 협하산 최고봉이 보인다.

북벽이 협하산 산줄기를 타고 길게 내려오고 있다. 오른쪽이 북벽의 바깥으로 평지가 아닌 계곡이 있음을 확인할 수 있다.

진입로 개설 전의 북문 상황으로 밖에서 안을 본 것이다. 오른쪽 성벽이 협하산에서 내려온 북벽 서쪽의 마지막 지점이고 그 옆에 개울이 있어 북문은 수구도 겸했을 것이다.

진입로 개설 전 북문으로 안에서 밖을 본 것이다. 오른쪽 끝 나무 옆으로 홍납자산 쪽 북벽이 시작되고 있다. 이런 원초 상태의 북문 모습은 이제 다시는 볼 수 없다.

바깥쪽 북문으로 북벽 서쪽이 협하산 산정으로 타고 오른쪽으로 길게 올라가고 있다. 현재 이 부분은 훼손된 것으로 확인된다.

진입로 개설 전 북문 주변 성벽에 보이는 원형 돌구덩이로 그 용도는 확인이 안 된다.

북문에서 바라본 북벽의 서쪽 구간으로 성벽이 협하산으로 힘차게 올라가고 있다.

북문 주변 안쪽에 보이는 원형 돌구덩이로 특이한 형태를 이룬다.

이 원형 돌구덩이는 남벽과 동벽의 성벽 상단에 보이는 돌구덩이와 다른 것으로 매우 크며 정확한 용도는 확인이 안 된다.

북벽 서쪽이 협하산을 타고 길게 올라가고 있다. 사진 오른쪽은 협하산에서 타고 내려온 가장 낮은 산줄기이다.

북문 주변 북벽 안쪽에서 본 북문 진입로로 최근 개설되었다.

북벽의 안쪽으로 오른쪽은 북벽의 동쪽이 시작하는 홍납자산이다.

북벽 북문의 옹성 구조로 왼쪽이 바깥쪽이다.

왼쪽의 무너진 성벽은 북문의 치로 파악된다.

오른쪽이 북문 치로 파악된다. 왼쪽이 협하산 산정 방향으로 북문 치는 대부분 무너진 상태이다.

북문과 옹성 주변의 북벽으로 왼쪽이 바깥쪽이다. 위에서 북문 쪽으로 내려다본 것이다.

북문의 북벽 안쪽에서 홍납자산 쪽 북벽을 바라 보았다.

위에서 내려 다 본 북문 주변 북벽이다. 맞은 편에는 나무숲 사이로 북벽의 동쪽이 시작하는 홍납자산이 보인다.

홍납자산 산봉우리 가운데를 타고 북벽 동쪽이 나무 사이로 이어지고 있다.

북벽 서쪽 구간이 협하산을 타고 길게 올라가고 있다.

북벽 서쪽이 협하산을 타고 힘차게 올라가고 있다. 오른쪽이 바깥쪽이다.

북벽 서쪽 하단은 대부분 무너진 상태이다.

북벽 서쪽을 내려다본 것으로 북벽이 북문을 거쳐 홍납자산에 이어지고 있다.

북벽 서쪽의 중간 부분으로 이곳도 대부분 무너진 상태이다. 오른쪽 산 정상으로 북벽이 이어진다.

북벽 서쪽 중간 지점에 북벽의 치가 있다. 가운데 오른쪽으로 돌출한 것이 그것이다.

오른쪽 하단 돌출 부분이 북벽의 치이다. 치가 그리 크지 않음을 확인할 수 있다.

왼쪽 돌출 부분이 북벽의 치이며 아래쪽으로 북문과 그 뒤의 홍납자산을 내려다보았다.

위에서 내려다본 북벽의 치로 그 크기가 크지 않다.

측면 아래에서 올려다본 북벽의 치로 많이 무너진 상태이다.

기단부가 보이는 북벽의 치로 반정도 성벽이 파손된 상태이다.

북벽의 치 주변에서 협하산 산정을 올려다보았다.

멀리 왼쪽에 북벽의 치가 보이고 이어 북문과 홍납자산 쪽의 북벽이 나무숲 사이로 보인다.

북벽 서쪽 중간에서 홍납자산 쪽인 북벽 동쪽을 바라보았다. 산 아래로 남문으로 올라가는 진입로가 보인다.

내려다본 북벽 서쪽으로 멀리 왼쪽 돌출된 부분에 북벽의 치가 보인다.

북벽 서쪽 중간 지점에서 성 내부 쪽으로 내려다본 것으로 멀리 남문으로 올라가는 진입로가 보인다.

북벽 서쪽의 바깥쪽에서 남문 방향을 본 것으로 오른쪽 멀리 홍납자산과 협하산의 교차점에 남문이 있다.

북벽 서쪽의 중간 위 지점에서 협하산을 올려다보았다.

북벽 서쪽 상층부에는 일부 성벽이 무너지지 않은 상태로 있다.

안쪽에서 올려다본 북벽의 서쪽 상단 구간이다.

안쪽에서 본 북벽의 서쪽 상단이다. 협하산산성의 전형적인 성돌 형태를 보여준다.

일부 온전한 상태로 남아 있는 북벽 서쪽의 상층부로 성벽 안쪽에서 바라보았다.

북벽이 계속 서쪽으로 올라가면 협하산 꼭대기에 이르러 서벽과 만난다.

협하산 쪽 북벽이 그 끝을 이루고 있다. 산정 오른쪽에 북벽의 시작이 있다.

북벽 서쪽 상층부에서 내려다본 북문 쪽 출입구 진입로로 길은 최근 개설되었다.

북벽 서쪽의 최상층으로 산꼭대기에서 북벽은 서벽으로 바뀐다.

북벽 서쪽 최상층부도 역시 성벽은 무너진 상태이다. 사진은 바깥쪽에서 위를 올려다본 것이다.

북벽 서쪽 최상층부에서 홍납자산 최고봉을 통해 이어지는 동벽을 바라보았다. 뒤쪽 홍납자산의 가운데 잘록한 부분이 동문이다.

북벽 서쪽의 바깥쪽으로 일부는 양호한 상태이다.

북벽 서쪽 상층부를 안쪽에서 내려다보았다. 멀리 홍납자산 최고봉이 보인다.

협하산 쪽 북벽의 안쪽에서 본 홍납자산으로 오른쪽 두 번째 봉우리에서 북벽 동쪽이 시작된다.

북벽의 안쪽으로 협하산산성의 전형적인 성돌 형태를 보여 준다.

북벽 서쪽 상층부 안쪽에서 내려다본 것으로 멀리 홍납자산 최고봉이 보인다.

협하산 산정으로 이어지는 북벽 서쪽의 끝 구간이다. 오른쪽 산 정상에서 서벽이 북벽으로 바뀐다.

북벽 서쪽 최상단 구간의 성벽은 대부분 무너진 상태이다.

북벽 서쪽 끝 부분은 암벽으로 성벽이 단절되지만 오른쪽 협하산 산정 부분에서 다시 이어진다.

동북쪽 홍납자산에서 본 협하산으로 가운데 제일 높은 곳에서 서벽이 직각으로 꺾이어 북벽을 이루며 내려오다 암벽에서 일단 멈춘다.

홍납자산 동북 방향에서 바라본 협하산으로 오른쪽 끝 수직 절벽에서 서벽이 끝나는 것이 아니고 산의 정상에서 서벽이 끝난다는 점이 주의된다.

북쪽에서 본 홍납자산의 최고봉으로 왼쪽 상단에서 동벽이 꺾이어 북벽으로 바뀌고 있다.

홍납자산 구간 북벽의 동쪽이 이 봉우리를 넘어 급경사를 이룬 다음 북문과 연결된다.

홍납자산 최고봉에서 내려온 북벽 동쪽의 안쪽 모습이다.

가운데 상단 흥납자산 산줄기에서 내려온 북벽 동쪽이 굴곡을 지며 오른쪽 북문 방향으로 내려가고 있다.

북벽의 동쪽이 시작되는 홍납자산은 굴곡이 심하여 이곳에는 수구가 있었을 것으로 보인다. 가운데 산 정상이 홍납자산 최고봉이다.

경사도가 심한 북벽 동쪽 끝 부분에는 이처럼 안정된 형태의 성벽을 구축하였다.

홍납자산의 북벽 동쪽 끝 부분에 성벽의 일부가 잘 남아 있다.

성벽 높이가 상당한 북벽 동쪽 끝 부분으로 오른쪽으로 산을 타고 계속 내려가면 북문이 나온다.

북벽 동쪽 끝 부분에서 홍납자산 쪽으로 올라가는 방향의 성벽 모습이다.

북벽 동쪽 끝이 산 위에서 동벽으로 바뀌고 있다.

위에서 내려다본 북벽 동쪽의 끝 부분으로 오른쪽 산줄기를 타고 내려가면 북문이 나온다. 멀리 협하산이 보이고 있다.

북벽 동쪽 끝에서 내려다본 골짜기로 이 계곡을 그대로 내려가면 북문 출입구가 나온다.

북벽 동쪽이 왼쪽으로 꺾이고 있지만 산줄기를 타고 직선으로 내려가면 중앙에서 협하산 자락과 만날 수 있다.

북벽 동쪽이 앞으로 치고 나가는 것이 아니라 왼쪽으로 급격히 꺾임을 보여 주고 있다.

북벽 동쪽 앞의 풍경으로 저 멀리 높은 산 아래의 길을 통하여 왼쪽으로 계속 가면 하화산진과 벽류하가 나온다.

북벽 동쪽 끝은 이처럼 성벽이 무너진 상태이다.

북벽 동쪽 밖은 상당히 높은 산들로 구성된 지역임을 알 수 있다.

무너진 상태를 보이고 있는 북벽 동쪽 끝이지만 저 멀리 산너머 오른쪽으로 계속 가면 곽가촌과 개주, 장하로 이어지는 공로가 나온다.

북벽이 동벽으로 바뀌고 있다.

동벽의 북쪽이 시작되고 있지만 대부분 무너진 상태이다.

무너진 상태의 동벽 북쪽 끝 부분으로 오른쪽 산 정상이 홍납자산 최고봉이다.

홍납자산 최고봉을 넘은 동벽의 북쪽이 남쪽으로 계속 이어지고 있다.

동벽 북쪽 구간으로 이처럼 동벽 어느 지역에서도 성산산성이 잘 보인다.

동벽 북쪽이 남쪽을 향해 길게 뻗어 있다. 멀리 성산산성 남쪽 끝에 벽류하가 흐르고 있는 것이 보인다.

동벽 왼쪽으로 계곡 아래에 협하가 보이고 있다. 이어 성산산성이 있어 이 두 성은 자매성이라 할 만하다.

동벽 북쪽의 안에서 바라본 성벽과 멀리 보이는 성산산성의 모습이다.

동벽의 중간 지점에서 약간 북쪽으로 저 멀리에 성산산성이 보이고 있다.

동벽의 중간 지점을 안에서 본 것으로 오른쪽으로 조금만 내려가면 동벽의 치와 동문이 있다.

동벽 중간 지점을 안쪽에서 바라본 것으로 오른쪽으로 조금 내려가면 동벽의 치가 있다.

성벽 아래 가운데 움푹 들어간 곳에 동문이 있다.

왼쪽에 동벽의 치가 돌출된 것이 보인다.

동벽의 치와 오른쪽으로 길게 이어지고 있는 동벽의 모습이다. 동벽은 전체적으로 일부 구간을 제외하면 완만하다.

동벽의 치 바로 앞으로 바위 앞에 동문이 있다.

북쪽에서 본 동벽의 치로 멀리 동벽의 남쪽이 이어지고 있다.

동벽의 치 전방 멀리에 성산산성이 있다.

아래에서 올려다본 동벽의 치로 오른쪽에 동벽의 북쪽이 계속 이어지고 있다.

동벽의 치 왼쪽으로 동벽의 남쪽이 계속 이어진다. 멀리 협하산최고봉이 보인다.

아래에서 내려다본 동벽의 치로 여기서 계속 내려가면 협하가 있고 이어 성산산성이 나온다.

북쪽에서 바라본 동벽의 치로 오른쪽이 동벽의 남쪽 방향이다.

동벽의 치에서 조금 내려와 본 동벽으로 오른쪽 중간에 동벽의 치가 밖으로 돌출되어 있음을 확인할 수 있다.

이 바위 오른쪽 아래에 동벽의 치가 있다.

동벽의 치 바로 아래 동문이 있는 동벽으로 오른쪽 멀리에 협하산 최고봉이 보인다. 이 지역이 동벽에서 가장 낮은 곳에 해당한다.

나무 아래 동벽 상단의 가운데 함몰된 지점이 바로 동문지이다. 멀리 산봉우리 정상 오른쪽에 동벽의 치가 있다.

가운데 함몰된 지점이 동문지로 왼쪽 계곡을 내려가면 성산산성이 나온다.

위에서 내려 다본 동문지로 맞은편 산정상을 통해 동벽의 남쪽이 이어지고 있다. 앞에 보이는 성벽은 동문을 구성하였던 성돌이다.

동문지에서 조금 지나 동벽 남쪽 방향의 성벽을 바라보았다.

동문에서 바라본 협하산의 전경으로 동문에서 산성 내부로 내려가면 비교적 넓은 평지를 만날 수 있다.
왼쪽이 남문 방향으로 협하산의 웅장한 모습을 이 사진 한 장으로 확인할 수 있다.

동문에서 바라본 협하산 쪽 북벽이다. 북벽이 산중턱에서 길게 내려오고 있음이 확인된다.

동문에서 바라본 협하산의 북벽과 북문 전경으로 오른쪽은 홍납자산이다.

성벽 상단 가운데 움푹 들어간 곳이 동문지로 왼쪽이 성 안이고 오른쪽이 성 밖이다.

동문지에서 멀지 않은 곳 동벽 상단에 돌구덩이가 있다. 앞에 보이는 삼각형 봉우리는 홍납자산의 최고봉이다.

돌구덩이를 북에서 남쪽 방향으로 보았다.

이 돌구덩이는 남벽과 동벽의 다른 곳에 보이는 것과는 다른 매우 큰 것이어서 용도가 확인되지 않는다.

동문을 지난 동벽 중간 지점의 성벽을 안쪽에서 바라보았다.

가지런한 상태의 성돌이 이어지는 동벽의 중간이다. 안쪽에서 바라보았다.

이러한 형태의 돌들이 협하산산성 성벽의 대부분을 이루고 있다.

동벽의 중간 지점을 안쪽에서 바라보았다.

성벽 상단에서 내려다본 동벽으로 가운데 보이고 있는 산은 홍납자산 최고봉이다.

동문을 지나 동벽 중간 지점의 성벽 상단에는 사각형 돌구덩이가 상당히 많이 있다. 오른쪽 아래는 그러한 정황을 보여 준다.

동벽의 중간지점 상단에는 사각형 돌구덩이가 다수 보인다. 평평한 동벽의 상단에 이처럼 많은 수의 돌구덩이가 보인다는 것은 돌구덩이의 용도에 관해 많은 시사점을 던져 준다.

동벽에 보이는 돌구덩이로 그것의 전형적인 형태를 보여 준다.

안쪽에서 본 동벽의 남쪽 구간이다. 동벽이 멀리 흥납자산 최고봉으로 이어지고 있다.

남쪽으로 바라본 동벽이다. 성벽의 상단이 상당히 평평하고 넓음을 엿볼 수 있다.

동벽 남쪽에서 협하산 최고봉과 남벽을 바라보았다.

동벽 남쪽 구간을 바깥쪽에서 바라보았다. 이 구간은 성벽이 비교적 잘 남아 있다. 오른쪽이 홍납자산 최고봉 방향이다.

동벽의 남쪽 구간을 바깥쪽에서 바라보았다. 이런 형태의 돌들이 협하산산성 성벽의 대부분 이루고 있다.

동벽 남쪽에서 보는 협하와 그 너머의 성산산성 모습이다.

성산산성은 홍납자산 구간인 동벽 어느 곳에서도 다 잘 보인다.

협하산산성 동벽 너머로 멀리 성산산성 장대가 보인다.

동벽의 남쪽 끝부분으로 동벽이 멀리 홍납자산 정상으로 이어지고 있다.

안쪽에서 동벽의 남쪽을 바라본 것으로 동벽이 홍납자산 최고봉으로 향해 다가가고 있다.

왼쪽이 동벽의 안쪽이고 오른쪽은 바깥쪽으로 여기서 계곡을 내려가면 협하와 성산산성이 나온다.

동벽의 남쪽 너머로 멀리 성산산성의 장대가 보인다. 이 사진으로 보아도 협하산산성과 성산산성은 협하를 사이에 두고 바로 이웃한 성임을 알 수 있다.

동벽의 남쪽을 안에서 바라보았다. 전형적인 협하산산성의 성돌 형태를 보여 준다.

동벽 남쪽 구간의 함몰된 지점을 바깥쪽에서 바라보았다. 협하산산성 축성 구조를 한눈에 확인할 수 있다.

바깥쪽에서 바라본 동벽의 남쪽 끝 부분으로 성벽 너머에 멀리 협하산 서북 방향이 보인다.

바깥쪽에서 본 동벽의 남쪽 끝 부분이다. 멀리 산봉우리에 동벽과 남벽이 교차하는 동남각 치가 있다.

안쪽에서 본 동벽의 남쪽 끝으로 오른쪽 끝이 동남각 치를 이루는 곳이다.

동벽이 오른쪽 끝 산 정상에 올라가 꺾이며 남벽을 이룬다. 사진은 안쪽에서 바라본 것이다.

동벽의 남쪽 끝을 아래에서 올려다본 것으로 동벽이 오른쪽으로 꺾이며 남벽이 시작된다.

동남각 치에서 본 동벽으로 멀리 홍납자산 최고봉이 보인다.

동벽 남쪽에서 바라본 협하로 오른쪽 산으로 올라가면 성산산성이다.

굽이치는 협하와 그것에 둘러싸인 성산산성의 모습이다. 협하산산성 동벽의 남쪽 방향에서 바라보았다.

왼쪽의 협하산과 오른쪽의 홍납자산이 교차하는 가장 낮은 곳에 남문이 있다.

남쪽에서 바라본 협하산 전경이다. 산줄기가 오른쪽으로 내려가며 가장 낮은 곳에 남문이 형성되어 있다.

남쪽 멀리에서 바라본 협하산으로 오른쪽의 홍납자산과 만나는 가장 낮은 곳에 남문이 있다.

봄철 남서쪽에서 바라본 협하산 전경으로 가운데가 홍납자산 그리고 오른쪽 끝이 성산산성이다. 이 사진으로 협하산, 홍납자산, 성산산성을 한눈에 파악할 수 있다.

서남쪽에서 바라본 협하산 구간의 서벽으로 산세가 매우 험함을 확인할 수 있다.

봄철에 찍은 사진으로 오른쪽 끝이 서벽의 망대 부근이다. 여기서 왼쪽으로 길게 서벽이 산등성이를 타고 이어지고 있다.

서벽 남쪽의 모습으로 산꼭대기가 망대이다.

서벽 망대로 오른쪽 아래에 벽류하가 보이고 있다.

남서쪽 방향에서 잡은 협하산 구간의 남벽이 멀리 홍납자산으로 이어지고 있다.

홍납자산 쪽 남벽을 멀리에서 잡은 것으로 왼쪽 가장 낮은 곳에 남문이 있고 오른쪽 가장 높은 곳에 동남각 치가 있다.

홍납자산의 남벽이 S자형으로 길게 이어지고 있다. 왼쪽에서 올라가 첫 번째 꺾이는 성벽 밖으로 남벽의 치가 있다.

남벽 옹성의 서쪽 구간, 즉 협하산 쪽에서 본 남벽의 바깥쪽이다. 협하산산성에서 가장 잘 정제된 성돌로 구성된 성벽이 남아 있는 곳이다.

동벽의 안쪽으로 왼쪽 끝에 홍납자산 최고봉이 보이며 그 바로 앞에 동문이 있다.

동문을 구성한 성벽의 일부로 멀리 보이는 바위의 오른쪽에 동벽의 치가 있다.

동문에서 보는 성산산성으로 동문을 통해 동쪽으로 내려가면 협하가 나오고 이어 성산산성에 도착한다.

동문과 동벽의 치를 북쪽으로 조금 지나면 동벽에서 가장 잘 남아 있는 성벽을 볼 수 있다. 사진은 안쪽에서 본 것으로 왼쪽이 흥남자산 최고봉 방향이다.

안쪽에서 본 동벽으로 왼쪽 끝에 홍납자산 최고봉이 보인다.

동벽의 북쪽 방향에서 밖으로 성산산성을 바라보았다.

성산산성에서 본 협하산산성이다. 제일 뒤 협하산 최고봉에서 왼쪽으로 내려오는 산줄기와
그 앞에는 흥남자산 제2봉우리에서 내려오는 산줄기 그리고 그 계곡 아래에 협하가 있다.

성산산성에서 서북 방향으로 중앙 왼쪽 제일 높은 봉우리가 홍납자산 최고봉이며
그 왼쪽 산등성이로 협하산산성 동벽이 이어지고 있다. 산 아래에는 협하가 흐르고 있다.

성산산성 서벽 장대에서 협하산산성을 바라보았다. 왼쪽 끝 산봉우리가 훙납자산 구간의 동벽이다. 산 아래로 협하가 흐르고 있다.

오른쪽 끝에 성산산성 서벽이 보이고 있고 왼쪽 가장 높은 곳에는 협하산 최고봉이 보인다.
또 그 앞에 협하산산성 동벽이 홍납자산 산등성이를 타고 길게 이어지고 있다.

성산산성에서 바라본 협하산산성의 전경이다. 맨 뒤쪽에 협하산 최고봉을 중심으로 산등성이를 따라 오른쪽으로 서벽이 길게 이어진다.
협하산의 앞쪽에는 홍납자산의 동벽이 왼쪽에서 오른쪽으로 길게 이어지고 있다.

윤병모 尹秉模

문학박사

충남 천안에서 출생하여 단국대학교를 졸업하고, 동 대학원 사학과 박사과정을 수료하였다. 고구려사를 중심으로 고대 동아시아사에 대한 답사와 강의 그리고 연구에 매진하고 있다. 고구려 산성이 고구려가 남긴 최대 유산임을 인식하고 요동지역의 고구려 산성 특히 요동반도 대형 석성을 중심으로 최근 집중적인 연구와 답사를 진행하고 있다. 저서로 『고구려의 요서진출 연구』, 『요동지역의 고구려 산성』, 『동아시아의 산성과 평지성』이 있다.

고구려 협하산산성
高句麗 夾河山山城

초판인쇄	2014년 6월 11일
초판발행	2014년 6월 11일
지은이	윤병모
펴낸이	채종준
기 획	조현수
디자인	이효은
펴낸곳	한국학술정보(주)
주 소	경기도 파주시 회동길 230 (문발동)
전 화	031) 908-3181(대표)
팩 스	031) 908-3189
홈페이지	http://ebook.kstudy.com
E-mail	출판사업부 publish@kstudy.com
등 록	제일산-115호(2000.6.19)
ISBN	978-89-268-6141-7 93910